Aux Sources de Mon Art Habité… Arabité

SAMIA BEN

Samia Ben

Aux Sources de Mon Art
Habité... Arabité

© 2020 Samia Ben

Éditeur : BoD-Books on Demand
12-14 rond-point des Champs-Élysées, 75008 Paris
Impression : Books on Demand, Norderstedt, Allemagne

Illustration : Samia Ben

ISBN : 978-2-3222-4049-4
Dépôt légal : Août 2020

La photo dont la symbolique est très forte, nous invite au calme et à la sérénité.

Un sens caché, qu'il nous faut aller chercher, non pas à l'extérieur de soi, mais à l'intérieur !

La maison est plongée dans une ambiance calfeutrée, intime, dans un clair-obscur pérennisant…

Trop de lumière peut aveugler, pas assez, peut nous faire tâtonner et avancer difficilement…

La juste mesure, en toute chose, et en toute harmonie…

La maison, dans la symbolique est la demeure par excellence, l'endroit où l'on vit et l'endroit où l'on meurt.

Et, pour parfaire ce périlleux et merveilleux parcours et voyage de vie, nous sommes accompagnés et soutenus par ces quatre piliers, qui pour moi, sont les valeurs incontournables et fondamentales qui emplissent l'Être !

Amour, Spiritualité, Sagesse, Connaissance…

Chacun doit avoir en soi ces quatre piliers qui permettent d'avancer en toute harmonie et en toute sérénité…

Il y en a certainement d'autres ,bien sûr, mais pour moi, ceux qui permettent d'avoir de solides fondations, ce sont bien ceux-là !

Pour moi, ces quatre piliers, mon socle le plus fort, font aussi référence à mes quatre enfants…

Au centre, il y a la source…

Cette notion de centre est importante pour moi !

Avoir un centre, revenir au centre pour éviter de se disperser, de se disséminer, pour ne pas se perdre…

Revenir à son centre, c'est emprunter les chemins qui mènent à l'espace intérieur, dans lequel coule la source du bien-être et de l'accomplissement de soi.

Cela me renvoie également à la place que j'occupe au sein de ma fratrie, puisque j'occupe la place du milieu, entre mes deux frères chéris, Samir et Bencheikh.

Au milieu de la salle, coule une source, au-dessus, une fenêtre inondée de lumière…

La source aurait pour synonyme : source d'eau, source de vie, un point d'où sort l'eau bienfaisante, élément purificateur qui produit vie, énergie et lumière…

Revenir à la source, qui renvoie à l'origine…

L'architecture mauresque, une architecture riche en ornements géométriques et en symboles, rappellent pour ma part, mes origines Arabo-berbères.

Mon arabité…

Art habité…

Cette photo a été prise par mon grand frère Samir.

Cette mosquée est située dans le quartier d'El Eubad à Tlemcen, véritable lieu de culte et trésor architectural.

Sidi Boumediene est le fondateur de la principale source initiatique du soufisme au **Maghrebb et en Andalousie.**

Il est également le Saint de la ville de Tlemcen en Algérie.

Ce lieu a une résonance très particulière pour moi, car c'est l'endroit où est enterré mon papa chéri, au milieu de mes aïeux.

Un lieu calme et apaisant, serein ….

Samia Ben

PREFACE

  Aussi longtemps que je puisse me rappeler Samia, tu as toujours été dans cette proximité à l'autre, à l'écoute de l'autre et ce désir inconditionnel de sauver l'autre et d'apporter à l'autre, confort et réconfort.

Lorsqu'un jour, on t'a posé la question, ton père et moi, de ce que tu voudrais faire plus tard, tu nous as regardé avec tes grands yeux et, sans hésitation aucune, tu nous as répondu : « Moi, quand je serai grande, je voudrai être le bon Dieu ! »

* Nous nous sommes regardés, ton papa et moi amusés et épatés à la fois, par ta spontanéité et par cette ambition démesurée qui t'animait déjà, alors que tu n'avais que trois ans !*

* Pour toi, c'était l'évidence, tant tu étais, dans la générosité et l'amour !*

Et qui dit Amour dit Dieu !

Cela vient nous dire à quel point un enfant est pur, où sa spontanéité qui fuse, est l'élan divin du cœur.

Ce vœu était certes très ambitieux et pourtant, tu n'as cessé d'être ma fille, dans l'amour, l'écoute, la générosité, et ce, avec tous !

Quelle enfant tu étais Samia ?

Une enfant sage et enjouée.

Une enfant très à l'écoute et silencieuse, qui était très dans l'observation et attentive à tout ce qui l'entourait.

As-tu ressenti mes moments de détresse, il n'en demeure pas moins que tu venais emplir par le silence éloquent de tes grands yeux, le trop plein de vide qui m'emplissait alors. ...

Quand ton père nous a été ravi tragiquement et que j'ai perdu pied, tu as su transformer ta douleur en une puissante énergie, dans laquelle j'ai puisée et pas seulement moi, puisque tu étais très à l'écoute de tous.

Écoute ô combien salvatrice, quand moi, le temps d'un temps, je n'entendais plus....

Tu as, à ton insu, en aimant, en accompagnant, en aidant, apaiser tes propres blessures...

Après l'obtention de ton BAFA, tu as travaillé dans un centre aéré spécialisé, en tant qu'animatrice, et là encore tu t'es occupée d'enfants en grande difficulté affective...

La petite fille dont les jambes étaient amputées et ce petit garçon souvent puni, que la maman brulait au fer à repasser ...

Tu les accompagnais dans la joie, la bienveillance, le respect, la gentillesse et la douceur, sans jamais sombrer dans un pathos exacerbé, sombre et inutile....

Et tu n'avais que dix-sept ans...

Très tôt, tu as été dans une conscience accrue de situations extrêmement ténues, et pourtant, cela n'a jamais altérer ton élan !

Toutes situations extérieures ont été vécues comme un enseignement et un apprentissage.

Très tôt, tu as été initiée à la responsabilité, qui a induit chez l'autre, confiance et sentiment de sécurité.

Disponible aux uns et aux autres, sachant trouver au cœur de chaque problème, la solution miracle !

Très jeune tu avais cette facilité d'aller sereinement vers la difficulté, sans jamais te plaindre, te dérober ou te disculper…

S'adapter, tel était ta façon d'être, étant très tôt dans cette conscience que tout n'est qu'enseignement !

Et là, je reprendrai une de tes phrases fétiches qui résonne en moi : « Rien de ce qui nous arrive est contre nous » !

Une force de caractère particulière qui faisait que tu restais, face aux problèmes qui venaient vers toi ou vers les autres, toujours alignée, souriante, constante et toujours partante !

Bravo, ma chérie je suis fière de toi !

Bravo d'être ce que tu es !

Aujourd'hui, tu nous invite à faire un beau voyage, une traversée dans le temps, une traversée sur les sentiers du cœur, de la générosité et du partage, pour parler des proverbes qui ont bercés ton enfance…

Ils appartiennent à toutes les traditions à toutes les sagesses, et n'appartiennent à personnes, car la sagesse universelle ne peut être qu'une sagesse partagée.

Oui ! Une délicieuse idée Samia, faire un saut dans un temps qui n'est plus et qui continue d'être !

Une délicieuse idée que de faire parler des voix qui se sont tues, désormais disparues, et qui continuent de dire…

Au commencement dit-on, était le verbe…

Et le verbe dans ton ouvrage, prend ici toute sa dimension atemporelle, dans la transmission orale !

Chaque communauté porte son âme dans ses proverbes.

Une voix secrète et pleine de sagesse sort des entrailles du peuple pour énoncer et dénoncer les travers des uns et des autres, non de manière violente, mais plutôt de manière subtile et particulière.

Les mots sont alignés qui rappellent notre ignorance traduite en paraboles, dictons, proverbes…

Les proverbes ne peuvent que durer et perdurer si les vertus et les mérites sont mis en avant.

Un proverbe ne plait que s'il y a résonance avec la situation vécue.

Il faut que le juste soit entendu et résonne sur une conscience malheureuse qui enfin, par la force des mots, se libère.

Son but est d'instruire avec sagesse et cette morale transcendante venue de la nuit des temps, nous éclaire et la parole, est la chaleur du proverbe !

Oui, revisiter le terroir des anciens, des ancêtres, pour faire revivre une parole pleine de vérité, pleine de sagesse, où les mots du quotidien riment parfois avec les maux !

Ceux qui ne savaient rien, savaient tout,

Les ténèbres étaient l'école de la lumière !!

Que faire pour continuer et se remettre sur la bonne trajectoire, lorsque les vicissitudes de la vie, nous égarent sur des chemins de traverses ?

Que faire ?

Évoquer peut-être un petit dicton salvateur, un proverbe, une expression forgée par l'expérience du quotidien, qu'il est utile de rappeler au moment opportun !

Ceux qui les entendent, et les enfants aussi, auront ainsi la possibilité d'apprendre et de découvrir le monde dans lequel vivaient leurs aïeux. N'oublions pas, que tout ce qui nous a été transmis, ne nous appartient pas, et que nous avons le devoir de retransmettre.

C'est en fait une donation sans héritage !

La parole dit-on, est la langue en acte et si la parole venait à se taire, la langue disparaitrait ainsi que les actions…

Le passé doit continuer de parler au présent, si la communication est rompue, nous perdons une partie de notre mémoire, une partie de nous-mêmes.

Toutes ces expressions populaires se transmettent de génération en génération.

Elles peuvent, chemin faisant, perdre ou gagner quelques mots, mais le sens premier, demeure, pour la simple et unique raison, que les époques se suivent, même si elles ne se ressemblent pas nécessairement !

Ces proverbes appartiennent au patrimoine linguistique de ton terroir, mais leur vérité, chargée de sagesse, n'est la possession de personne, sachant que différentes cultures ont créé des proverbes similaires en fonction de situations similaires.

Les proverbes sont légers, ils sont semblables au Dieu Protée qui pouvait prendre toutes les formes sans perdre la sienne.

Les proverbes appartiennent au patrimoine de l'humanité, là où il y a eu des hommes et tant qu'il y aura des hommes !

Les proverbes sont des échantillons très parlants de l'identité d'un peuple, de son savoir, de ses habitudes, de ses croyances, de ses convictions, de ses us et coutumes, de son Art de vivre...

Ils expriment l'appartenance d'un peuple à son environnement, à sa culture.

Et...

Les mots pour le dire, pour énoncer ces proverbes qui ont bercés ton enfance, tu ne pouvais les transcrire que dans ta langue d'origine, gorgée de métaphores !

Et pour se faire, tu as puisé, comme tu le dis si bien, dans ton Arabité, Art habité, pour retrouver les sonorités et les résonnances familières de ta langue maternelle.

Il est dit que traduire, c'est trahir.

Serait-ce une manière de dire autrement et donc d'exprimer le côté insaisissable de la signification ?

Je dirai que traduire, c'est négocier.

En effet, il est difficile de dire la même chose d'une langue à une autre, tu vas donc tenter de dire presque la même chose, en gardant le sens profond du message, en gardant l'essentiel de l'intention du texte.

En revanche, il est difficile de traduire les sonorités de la langue arabe, ainsi que ses effets esthétiques et poétiques, et l'Art du bien écrit est transmis et exprimé par la grâce de calligraphie Arabe …

Et la sagesse du proverbe est là…

Elle nous vient de la nuit des temps et nous murmure des petites phrases qui témoignent d'une façon d'être et de faire, pour agir au mieux dans le monde dans lequel nous vivons, afin de surmonter les difficultés que nous rencontrons et qui nous assaillent parfois dans nos relations avec nous-mêmes et avec autrui, ainsi que tout ce qui nous entoure !

Ces proverbes en pleine gestation, s'adresse à l'homme, à l'éternel enfant qui s'érige en homme.

Ils s'adressent à l'homme qui grandit dans l'enfant.

Plus que jamais, le monde moderne a besoin de proverbes, de paraboles de métaphores puisés dans un imaginaire collectif rassurant, afin de combler les insuffisances et les faillites d'un langage devenu désormais trop conceptuel et trop conventionnel.

Bravo Samia et merci, pour ce joli présent qui nous vient de Passé, et que tu nous offre au Présent !

Bravo et encore une fois merci pour ce beau cadeau que tu me fais à moi, ta maman...

Notre parcours de vie, votre parcours mes enfants a été périlleux et jalonné d'embuches et d'épreuves douloureuses...

Partir du terroir natal, se séparer d'un univers familier, dans des conditions difficiles...

La perte violente de votre papa en terre d'exil...

Et, continuer d'avancer, pour faire face à un avenir à construire...

Je suis si fière de vous, je suis si fière de toi ma fille de continuer ce travail de transmission qui a été le mien et qui continue à être...
Je terminerai ma préface par cette très belle phrase de Henry Adam

« *Celui qui enseigne touche à l'éternité et ne sait jamais ou s'arrête son influence.* ».

Maman

Nadia Boukli-Hacène

INTRODUCTION

Il est évident que derrière le chiffre 29 qui est aussi le nombre des citations que j'ai choisies, se cache une profonde intention….

Un hommage…

Mon papa chéri est mort un 29 février…

Il va sans dire que cette date, ce chiffre a été pour moi une fin…

La fin…

Ma fin…

Et, paradoxalement et aussi incroyable que cela puisse paraître, ce fut à la fois un début…

Le début…

Mon début...

Et si c'était par la fin que tout commençait…

C'est un hommage à ce jour, ô combien douloureux...

Le 29 février est une date très particulière qui n'arrive qu'une fois tous les quatre ans, mais au-delà, c'est un hommage que je te fais papa, parce que je ne peux oublier...

Comment seulement le pourrais-je ?

Pourquoi ce livre des proverbes ?

L'élément déclencheur a été cette prise de conscience face aux personnes qui venaient me voir, dans le cadre de mon travail, lorsque face à leur problématique, j'énonçais en français, le proverbe adéquat, pensé dans ma langue maternelle, l'arabe et je constatais, non sans plaisir, la portée salvatrice d'un proverbe venu de la nuit des temps.

Le fait de vivre dans un milieu où les femmes parlent et transmettent en permanence leur savoir-être et leur savoir-faire, m'a donné le désir de transmettre à mon tour, de jouer mon rôle et d'occuper cette place de femme, de mère qui me revient de droit...

Elles transmettent dans le silence et dans le non-verbal, par la gestuelle ancestrale pleine d'enseignements.

Ma grand-mère chérie, Aouda disait souvent de moi, que j'étais celle qui avait les clés pour ouvrir les portes !

Me projetait-elle dans un tel avenir, où je serai amenée à écrire et à transmettre à ma manière ?

Cette intuition qui fut la sienne, et qui me porte et m'honore, me touche profondément et m'accompagne encore aujourd'hui.

Il va sans dire que ce livre est un hommage à ma Aouda chérie dont j'étais très proche.

Elle fait partie de ces personnes chères à mon cœur qui ont eu beaucoup d'amour et qui ont cru en moi…

Pendant ma formation, j'associais toujours une situation donnée, un évènement posé, à un proverbe relevant d'une sagesse ancestrale venus de la nuit des temps.

Et, l'idée m'est venue d'écrire !

Le déclic s'est fait instantanément, et prise d'euphorie joyeuse, je n'avais qu'une seule et unique idée en tête, celle de mener à bien ce projet.

J'ai puisé à mon insu dans cette culture collective qui m'anime et anime ce travail d'écriture.

Aussi loin que je puisse me rappeler, j'ai toujours été sensible à cette culture de la sagesse, de la sérénité et de la paix, dans lesquelles j'ai baignées.

Valeur fondamentale transmise par maman, par nos mères et les femmes, gardiennes des traditions….

Je trouve merveilleux et magique que ces proverbes qui me viennent à l'esprit dans ma langue maternelle, l'arabe, sont tout de suite énoncés puis traduites en français…

Tout cela pour dire, qu'en moi, ces deux cultures cohabitent parfaitement, elles sont en pleine harmonie, et ce depuis toujours, cela vient peut-être du fait que ma première langue parlée, fut le français, alors que je suis née et que j'ai grandi à Alger.

Et, je n'ai appris et repris possession de ma langue maternelle, qu'en entrant en 1° année de primaire.

Je comprends mieux aujourd'hui d'où me vient cet amour des mots.

Il n'y a aucune limite à la pensée, quelle qu'elle soit !

J'espère que la force de mon intention pourra vous porter, et que la sagesse silencieuse et discrète de nos aïeux, rendra votre voyage plus agréable et emplit de sérénité !

Je me rends compte de la responsabilité affective, familiale, sociale et surtout la responsabilité intellectuelle des femmes qui sont les gardiennes de la tradition.

Je prends conscience, aujourd'hui, plus que jamais, de la place sacrée qu'occupe les femmes, porteuse de vie et d'espoir.

Les femmes sont le berceau et l'avenir de l'humanité…

L'environnement change mais la transmission demeure.

Les proverbes, cette sagesse populaire, c'est ramener la richesse des ressources du passé dans un présent, afin de continuer d'avancer en paix, dans un temps à venir…

PROVERBE 1

الي ماشي ديالي ثقيل علي

« Ce qui n'est pas à moi est lourd à porter ! »

Ce proverbe, est celui que ma grand-mère chérie Aouda, me répétait souvent, très souvent, même !
Elle était un être d'amour, de lumière, de paix, de gentillesse et de non-violence.
Elle ne s'est jamais occupée des affaires des autres, ni mêlées des histoires qui ne la regardaient pas, et pourtant, ce n'étaient pas les occasions qui manquaient, vu le grand nombre de personnes dont sont constituées nos grandes familles.
Ce proverbe met en lumière, les malheureux conflits liés à l'héritage.
Lorsque l'on voit l'avidité et la cupidité de beaucoup de familles, qui n'hésitent pas à prendre ce qui pourtant ne leur appartient pas, mettant dans la difficulté, des orphelins et des veuves.
Ces personnes n'ont pas conscience de la gravité et surtout de la portée de leurs actes, et c'est là, où ce proverbe prend toute sa dimension, car leurs actions les poursuivront et eux, les porteront toute leur vie, comme une lourde et encombrante charge !
Ce qui n'est pas à moi est lourd à porter !

Alors oui restons toujours à notre juste place et ne prenons pas le risque de nous alourdir, de prendre ce qui ne nous appartient pas et de nous encombrer des biens et des histoires des uns et des autres, et de ralentir notre propre trajectoire !

Pour avancer, portons léger….

PROVERBE 2

كل عطلة فيها خير

« Dans tout empêchement, il y a du bonheur ».

Si les choses ne se font pas, c'est qu'elles ne doivent pas se faire, tout simplement et qu'en plus, il y a du bonheur à récupérer.

Je m'explique :

Ce proverbe, vient mettre en lumière l'importance de l'accueil, de l'acceptation et du lâcher prise face aux évènements imprévus, qui viennent à nous.
Ils ne se font pas, car ils se feront mieux un peu plus tard.
L'univers sait bien mieux que nous, ce dont nous avons besoin, et à quel moment nous devons le recevoir !
J'aime ce proverbe, parce qu'il induit très fort, chez moi, cette notion de non-résistance à ce qui est, et ce qui doit être, en temps voulu !
Il n'y a donc plus de mécontentement, de colère, et de déception face à ce que j'avais prévu et qui ne s'est pas fait.

Je me mets alors, entièrement entre les mains de mon égo divin qui lui, sait ce qui est bon pour moi, et non pas entre les mains de mon égo humain, qui lui, croit savoir ce qui est bon pour moi !

Et quel bonheur …

PROVERBE 3

اليوم عليا و غدو عليك

« *Un jour sur moi, un jour sur toi* ».

Ce proverbe vient me parler, de fraternité, d'entraide, du fait d'être là présent à l'autre, qui à son tour, le sera aussi.

Aujourd'hui j'ai besoin de toi, et demain je serai là pour toi.

C'est une manière de prendre conscience, qu'à chaque instant de l'existence, on est l'autre dans différentes situations de la vie, dans l'impasse, il est bon de trouver une main tendue quand rien ne va plus… Ce proverbe évoque également le pouvoir de la présence.

Il y a un peu partout dans le monde, des régions, et des villages, où l'entraide et le souci de l'autre est permanent, ce qui donne des environnements heureux, joyeux où tout va bien.

N'oublions pas que l'union fait la force.

PROVERBE 4

انعيش عيشة شريفة، و نموت موت شريف

« Je vis une vie digne et je meurs une mort digne ».

Ce proverbe vient nous rappeler le lien de vie qui nous lie à la mort au présent car la mort fait partie de la vie.

Ce proverbe, je l'aime particulièrement, car c'est celui que mon défunt grand-père chéri, Grand- papa, nous répétait souvent.

Il vient parler de la pleine conscience d'une vie vécue dans la dignité, l'honneur et les grandes et belles valeurs.
Il vient dire l'importance de faire et d'être en adéquation permanente, avec toutes ces valeurs qui nous font, en gardant constamment à l'esprit ce qui est important, ce qui est essentiel (essence / ciel), ce qui est juste parce que le grand départ se fera à la hauteur de la vie que l'on a choisi d'avoir, des chemins que l'on a choisis d'emprunter en pleine conscience.
Il vient nous rappeler que la vie est intimement liée à la mort, indissociable même….

Tu meurs comme tu vis !

PROVERBE 5

الي فاتك بليلة فاتك بحيل

« Celui qui te dépasse d'une nuit, te dépasse d'une ruse »

Ce proverbe-là, vient encore parler de la sagesse des anciens, de leurs expériences précieuses remplies d'histoires, agréables, parfois douloureuses, d'anecdotes, de ruse, de malice, parce qu'ils ont emprunté avant nous, les chemins de l'amour, de la parenté, du travail, de la difficulté, de la guerre et du manque…

Ils en connaissent les moindres rouages, pour les avoir si souvent traversés et vécu.

Ces expériences et témoignages, sont d'une richesse inestimable, mais pour cela, il faut savoir écouter et créer un espace bienveillant d'échanges, d'écoute attentive entre les deux générations, car nous sommes tous des apprentis, et ce à tout âge.

Lorsque nous cessons d'être enseignables, nous ne sommes plus dans cette quête de la connaissance et nous nous égarons sur les chemins de l'ignorance, tout cela parce que nous pensons que nous savons !

Alors que chaque jour que Dieu fait, nous apprenons et que ce qui était valable hier, ne l'est peut-être plus aujourd'hui et ne le sera peut-être pas demain ou le sera autrement !

Le monde est en perpétuel mouvance…

Dans cette époque où le « Je » du « *je sais tout* » prime et vient le plus souvent heurter, voire taire cette sagesse des anciens, qui sont là, non pas pour nous montrer le chemin, car, rien ne vaut l'expérience personnelle, mais ils sont là, au contraire pour nous aider, nous accompagner dans nos apprentissages, et nous éclairer, dans l'amour et la bienveillance !

Restons alors ouverts à tous, car tout le monde à quelque chose à nous apprendre, à nous apporter, que ce soient les personnes les plus âgées mais également les plus jeunes, mais pour cela, il faut savoir poser un regard attentif, bienveillant, et surtout, savoir écouter avec le cœur et le respect que cela exige !

Acceptons alors, et sans résistance aucune, l'aide qui nous est offerte !

PROVERBE 6

دثرها في يد االله

« Mets-la entre les mains de Dieu » !

Ce proverbe vient mettre en lumière encore une fois, cette notion de lâcher-prise qui, dans la culture maghrébine est intiment liée à Dieu.

La notion de coopération avec le monde invisible et donc de confiance absolue.

Je fais, et le reste, c'est à Dieu, et à Dieu seul d'en décider !

Lâcher prise, c'est accepter les choses, quelles qu'elles soient, aussi difficiles soient elles.

Cela évoque une foi inébranlable en Dieu et induit que tout a un sens…

Que la confiance soit !

PROVERBE 7

الي يعرف بزفاف يموت بزعاف

« Celui qui en sait trop, meurt de contrariété et de colère ».

Je crois que là encore, c'est l'un de mes proverbes préférés, celui de ma grand-mère maternelle chérie, maman Fatiha, qui est toujours là et qui reste vivante en moi.

Ceux que l'on aime très fort, ne meurent jamais et nous continuons de les évoquer au présent car ils sont juste de l'autre côté du voile…

Je ne l'ai hélas pas connue et pourtant, elle n'a cessé d'être vivante pour moi.

J'ai la chance d'avoir deux grands- mères maternelles.

Après le décès tragique de ma grand-mère, maman Fatiha, mon grand-père, grand-papa, s'est remarié avec Aouda.

J'ai donc eu cette merveilleuse (mères veilleuses) chance d'avoir deux fois plus d'amour et de fois plus de transmission.

Maman Fatiha répétait souvent à ma maman, qui à son tour, nous le répétait….

Maman, a toujours parlé de sa maman comme si elle était toujours là, ce qui fait que sa présence silencieuse m'a toujours accompagnée dans les séquences importantes de ma vie…

Ce que je trouve extraordinaire dans la culture qui est la mienne, c'est que ceux qui nous ont quittés, sont toujours là, car ils sont constamment évoqués.

Ne dit-on pas que ceux que l'on aime, ne meurent jamais ?

Leur transmission, ô combien précieuse, continue au-delà des cieux !

Ce proverbe est complètement d'actualité et en total adéquation avec l'époque dans laquelle nous vivons !

En effet, nous sommes en permanence bombardés par des concepts, des notions, des vérités, et ce dans tous les domaines possibles et inimaginables, très souvent d'ailleurs contradictoires !

Il y a toujours une étude pour en contredire une autre, et ce, dans différents domaines : Politique, Religion, Enseignement, Éducation, Social, Santé, Amour et Sexualité…

Toutes ces informations nous font perdre pied, tant et si bien que l'on ne sait plus où aller, que penser et que faire !

Tout cela engendre, stress, questionnement, doute, indécision, burn out qui bien entendu, engendre la peur !

La peur de soi, la peur de l'autre, la peur d'avancer, la peur de ne pas y arriver, la peur d'échouer, la peur de ne pas savoir, la peur de ne pas comprendre et la peur de ne plus savoir ce qui est bon pour nous ou ne l'est pas !

On est manipulables et manipulés, conditionnés, et on ne sait plus être dans le moment présent car la peur, envahit chacune de nos cellules et de pensées…

Cette émotion douloureuse et inconfortable engendre et draine d'autres émotions notamment la colère !

Les anciens ne se préoccupaient pas autant de toutes ces données extérieures, ils se contentaient d'être dans l'accueil et restaient sereins et en lien avec Dieu et avec eux-mêmes.

Dans la sérénité et la confiance et c'est là, que tout se posait, tout apparaissait !

Rien de l'extérieur ne pouvait les faire vaciller. Ils ne se souciaient pas du comment, ils y arriveraient parce qu'ils savaient que les réponses à toutes les questions qu'ils se posaient résidaient à l'intérieur d'eux-mêmes.

Leurs pensées étaient sereines, confiantes positives, parce non polluées par l'extérieur.

Et ce malgré des difficultés quotidiennes et réelles.

J'ai d'ailleurs un souvenir très précis des anciens de ma famille et de mon terroir qui étaient constamment dans cette joie de vivre, ils appréciaient l'instant présent, sans se soucier démesurément du futur, car pour eux, ils disaient souvent, d'ici demain, Dieu apportera l'amour et la miséricorde.

Quant au passé, ils ne s'y attardaient pas, car pour eux, le passé n'est plus, il est mort, disaient-ils !

Ils ne vivaient qu'au présent avec une conscience subtile et constante du temps qui s'écoule…

Il est vrai aussi qu'à cette époque il n'y avait la présence permanente, toxique et polluante des médias.

Chez mes grands-parents, il n'y avait pas toujours la télévision, cependant il y avait des moments de vie, de partage et de rires sextraordinaires !

Ils étaient dans le développement humain, les uns les autres, sans en avoir conscience et ce, dans la simplicité la plus authentique et la plus désarmante…

Ils resteront mes référents dans cet art de vivre et d'être !

PROVERBE 8

رحنا ڤاع في دار الصابون، و لي ما زلقتش اليوم يزلق غدوا

« Nous sommes tous dans la Maison du Savon, et celui qui n'a pas glissé aujourd'hui, glissera demain ».

Ce proverbe met en avant cette notion d'expériences malheureuses, désagréables, voire douloureuses, que tout un chacun est amené à vivre.

Dans tous les domaines de la vie et à n'importe quel moment.

Nous pouvons tous trébucher, glisser et que nul n'est mieux, ni moins bien que personne, que le risque est le même pour tous et que nous sommes tous, je dis bien tous des glisseurs potentiels.

Nous avons tous du savon sous les pieds, et il est très important de ne jamais l'oublier et d'en être conscient.

Ce proverbe vient parler également du fait de s'occuper de nos propres glissades et du comment nous relever, au lieu se délecter de la glissade, de la chute des autres.

Et cela induit plus d'empathie à l'égard des autres ! Cela me renvoie directement à cette magnifique phrase de Jésus :

« Que celui d'entre vous qui n'a jamais péché, lui jette le première pierre » !

PROVERBE 9

فرش لوليدات الناس باش يرقدو وليداتك

« Prépare un lit douillet pour les enfants des autres, pour que puisse dormir tes enfants » !

Ce proverbe est mon préféré, je l'ai entendu maintes et maintes fois, et ce tout au long de mon enfance, car il exprime toute la générosité dans laquelle j'ai grandi et évolué et il définit, en toute humilité, la personne que je suis.

Il vient parler des enfants, il n'y a rien de plus sacré, de plus précieux, de plus puissant, de plus extraordinaire, et de plus importants que les enfants, nos enfants.

Ils sont notre raison de vivre, le phare qui éclaire notre vie, des êtres de lumière.

Je crois très sincèrement que nos enfants nous hissent vers l'élévation spirituelle, et sont à leur manière de parfaits enseignants, par ce qu'ils ne sont qu'amour.

Et là, c'est la maman que je suis qui s'exprime :

Quand on a compris qu'en donnant, en nourrissant, en protégeant, en écoutant, en accueillant, en aimant les enfants des autres, et pas seulement les nôtres, nous protégeons, non seulement nos enfants, mais également ceux des autres.

C'est pour moi la plus grandes des valeurs, celle de la générosité de l'âme et du cœur...

L'Amour !

Et c'est là, la plus belle et la plus puissante énergie qui permettrait le Vivre Ensemble.

PROVERBE 10

اخدم يا صغري لكبري، و يا كبري لقبري

« Travaille ô ! Ma jeunesse pour ma vieillesse, et travaille ô ! Ma vieillesse pour ma tombe ! ».

Ce proverbe vient parler du cheminement de toute une vie, de l'accomplissement de toute une vie.

C'est-à-dire : travaille aujourd'hui pour demain, tout ce que l'on fait aujourd'hui a inévitablement des conséquences et des répercussions sur notre futur, et tout ce qui nous arrive aujourd'hui, nous l'avons antéposé dans le passé.

Et bien entendu sur notre départ, le grand départ…

Quel choix faire ?

La vie est un ensemble de routes, de directions, de choix à faire ou à ne pas faire, et nécessairement des positionnements à prendre ou ne pas prendre. Nous sommes tous responsables de nos choix, de nos actes, et de la vie que nous avons !

Ce proverbe est magnifique puisqu'il vient parler de la notion de la tridimensionnalité du temps que nous traversons et qui ne fait qu'un !

Il vient rappeler, que tout est lié et relié.

PROVERBE 11

كيما حب الله

"Comme Dieu le veut !"

  Ce proverbe m'est très cher, maman me l'a très souvent répété et elle me le répète encore aujourd'hui, pour que je n'oublie jamais, tant et si bien que j'en fais autant avec mes enfants…

Il y a des phrases qui prennent toute leur dimension dans la répétition.

Sa dimension est tellement puissante, tellement spirituelle, que lorsque qu'elle est vécue au plus profond de soi en pleine conscience, on s'en remet à Dieu, tout simplement et sans aucune résistance…

Plus de résistance…

Aucune…

Juste la confiance, l'acceptation, de ce qui est, de ce qui se passe ici et maintenant.

La vie alors devient plus sereine, plus légère, plus accessible où tout est possible.

PROVERBE 12

الي حبها قاع، خلاها قاع

« *Celui qui veut le tout, perd le tout* »

A trop vouloir le tout, on finit par ne rien prendre et perdre le tout.

Cela vient parler de l'insatisfaction permanente de nombreuses personnes qui pourraient être heureuses et pourtant restent trop focalisées sur ce qui leur manque, n'ayant plus conscience de ce qu'ils ont déjà, ils ne sont plus présents à eux-mêmes finissent par ne même plus être conscients et apprécier ce qu''ils ont.

Le bonheur, c'est désirer et apprécier ce que l'on a déjà.

PROVERBE 13

كلش بسيف غير لمحبة ماشي بسيف

« On peut tout forcer, il n'y que l'Amour que l'on ne puisse forcer ! »

On peut tout forcer, sauf l'amour !

Là encore ce proverbe est très fort.

Ce qui veut dire que l'amour est de l'ordre de l'élan du cœur, de l'invisible, de l'indicible, l'incompréhensible, de la non- réflexion, du non-raisonnement.

L'amour, ne se commande pas, l'amour, se vit…

L'amour, c'est divin,

L'amour est l'unique sentiment que l'on ne peut ni forcer, ni diriger, car il échappe à tout contrôle, à tout entendement et à tout raisonnement.

L'amour donne des ailes, il appartient à l'élan, à l'envol….

L'Amour, c'est la Liberté !

PROVERBE 14

ولفت ما و راجلك و ربيت وما ولدك

« *Ton fils, comment tu l'as élevé, ton mari comment tu l'as habitué* ».

Ce proverbe est puissant, par ce qu'il vient nous rappeler, nous parler de notre grande responsabilité à nous les femmes, face au devenir des hommes et à leurs comportements futurs.

La mère est matrice, source nourricière, elle est réceptacle de vie, et apporte sécurité, protection affection, compréhension…

La mère représente l'Amour.

Et l'amour est le vecteur de la transmission où se posent les valeurs fondamentales et cardinales pour faires des fils, les hommes de demain, et faire des filles, les femmes de demain.

La fonction du père est tout aussi importante, complémentaire. Le père doit éduquer ses enfants.

Éduquer, à prendre au pied de la lettre et dans son sens étymologique.

Educare " : faire sortir, tirer dehors, conduire au-dehors avec soin et séparer l'enfant de sa mère pour enfin devenir citoyen à part entière.

Pour revenir à l'éducation de nos fils, ce sont nous, les mamans qui élevons nos garçons, transmettons les valeurs telles que, l'amour, le respect, l'honnêteté, l'équité, l'écoute, le partage…à nos fils.

En élevant nos garçons dans cette conscience-là, nous préparons, inéluctablement un terrain fertile à toutes les personnes qui partagerons leur vie, et cela leur donne plus de chance de vivre une vie affective, saine, sereine, amoureuse, harmonieuse, emplie de perspectives et de possibilités.

Et ce sont, nos filles, ces mères de demain, qui habitent leurs partenaires de vie, à s'impliquer dans le couple et dans l'éducation des enfants, et ce, dès le début de leur idylle.

Imaginons donc, lorsque rien ne se passe ainsi…

Imaginons quand les bases sont vacillantes…

Imaginons, l'ampleur et l'étendu du chantier, dans lequel peuvent se retrouver ces fils et leurs partenaires…

J'entends beaucoup, dans mon entourage et dans le cadre de mon travail, des femmes se plaindre des hommes, à longueur de temps, alors que leur responsabilité est énorme, mais en sont-elles seulement conscientes ?

Les hommes, sont ceci ; les hommes sont cela, elles n'ont pas de chance…alors que cela n'a absolument rien à voir avec la chance.

C'est leur comportement, qui très souvent induit ces situations conflictuelles, difficiles et répétitives !

Un comportement qui leur vient de très loin, parce qu'il leur aura été transmis de générations en générations.

Si l'on veut que les choses changent à l'extérieur de nous, et notamment dans la vie de couple et dans la vie de famille, c'est à nous les femmes, de changer nos comportements, en prenant conscience que nous avons, et que nous détenons, nous les femmes, ce pouvoir merveilleux (mères veilleuses) extraordinaire de transcender, de transformer les choses et les situations, en partant du cœur et en toute conscience !

C'est exactement l'intention qui m'anime dans mon rôle de maman, aussi bien avec mes garçons, Badr et Zaïne, qu'avec mes fille Maïssa et Naïla, car justement ma responsabilité est énorme, car ce sont les enfants élevés dans cette conscience-là, qui deviendront les adultes de demain, conscients, réfléchis responsables ; libres et heureux !

Et, à partir de là, toute vie en couple, en famille et en société devient possible !

Je tiens quand même à préciser que le rôle des hommes est tout aussi important, il se trouve que là, ce proverbe s'adresse aux femmes et aux mères qui portent la vie en elles, d'où la double responsabilités et l'honneur qui est le leur...

Celui de mener à bien, cette mission de vie…

Il va sans dire que la présence des hommes et des pères est incontournable dans l'évolution de la femme et dans l'éducation des enfants.

PROVERBE 15

الي يكون مليح يكون مليح مع ربي

« Celui qui est bien, doit être bien avec Dieu ! »

C'est à dire, qu'être bien avec soi, c'est être bien avec Dieu !

Dieu n'est-il pas en chacun de nous ?

Et donc, être en lien avec soi, c'est prendre soin du divin en soi !

Et être en lien avec soi, c'est nécessairement être en lien avec l'autre.

D'où la nécessité d'en prendre conscience, car, l'autre n'est autre que moi et vice versa !

Il y a là, une dimension existentielle très forte dont il faut prendre conscience !

Nous provenons tous de cette même source, l'Amour et la Lumière, ne l'oublions jamais.

C'est l'unique moyen d'être en paix, de trouver le salut.

Cela veut dire aussi que lorsque notre intention et notre attitude est juste, tout ce qui en découle est juste !

La juste attitude accompagnée de la juste intentionnalité !

Tout est là !

Et quand tout est accordé dans sa plus parfaite harmonie, alors oui, on est en parfait accord avec soi et donc avec Dieu !

PROVERBE 16

ى ا وين رآها الصنعة الي خلاتهاللك يماك ؟ في يد وين رآه المال الي خلاهولك باباك ؟ كليتو

« *Où est la fortune que t'a laissée ton père ? Je l'ai mangée ! Où est le métier que ta transmis ta mère ?*

Il est dans mes mains ! »

Ce proverbe vient traiter de plusieurs choses à la fois.

Selon mon interprétation, il vient parler du lègue et de la transmission. Pour ce qui est du lègue et plus précisément de l'héritage, il est amené à être utilisé et parfois dilapidé, et nous avons tous autour de nous, des exemples bien concrets.

Alors que pour ce qui est de la transmission d'un métier d'un savoir- être, ou d'un savoir-faire, ils durent et perdurent toute une vie.

Un métier exercé, génère des rentrées d'argent permanentes.

J'aime ce proverbe, parce qu'il vient évoquer l'importance des mains, l'importance du professionnel dans une époque, où le cerveau et l'intellectualité, priment malheureusement au détriment du manuel.

On est bien d'accord, qu'est ce qui fait agir les mains ? C'est bien notre cerveau !

Ce sont les mains qui viennent en tout premier lieu, toucher le monde extérieur. Avoir un métier dans les mains c'est avoir du pouvoir et être en lien avec le monde extérieur, et être en mesure de créer et de transmettre.

Tout ce qui a été créé et fabriqué par l'homme, et ce, depuis l'homme de Cro-Magnon, s'est fait grâce au prodigieux pouvoir des mains, parce qu'il ne suffit pas de penser, il faut agir !

Et l'homme, depuis l'aube de l'humanité agit et s'exprime par l'action créatrice, ne dit-on pas à juste titre que l'homme est le seul à avoir imaginé des mondes qui n'existaient pas.

La pensée, le verbe, puis son prolongement créateur grâce aux pouvoir divin des mains…

Que d'œuvres ont été façonnées par les mains, que d'œuvres d'art ont jailli la musique, la peinture, la sculpture et tout ce qui nous entoure !

Je rajouterai quand même, que pour moi, ce qui est fondamental, c'est la transmission de l'amour et des valeurs !

Fabriquer, faire, dans l'amour en restant en corrélation avec ses valeurs, est puissant et utile, parce qu'avec de tels matériaux, nous pouvons créer le monde dans lequel nous souhaitons vivre !

Un monde heureux et joyeux où tout le monde trouve sa place.

PROVERBE 17

حتّى مول التاج و يحتاج

« *Même celui qui porte la couronne peut être dans le besoin !* »

Ce proverbe est en totale adéquation avec le proverbe précédent.

Il vient nous rappeler que l'argent ne répond pas à tous les besoins bien au contraire, et même en étant riche, voire très riches, nous pouvons être dans le besoin.

Le besoin d'écoute, le besoin d'amour de soi et de l'autre, le besoin de présence, le besoin d'estime de soi, le besoin de reconnaissance, de compréhension d'écoute et de réconfort ...

L'accomplissement de l'être ne passe pas que par l'argent, il est bon de se rappeler que les besoins de l'homme sont multiples dans une époque où malheureusement, l'argent prime au détriment des valeurs et de l'éthique.

PROVERBE 18

كبرها تصغار

« Agrandis toute problématique pour qu'elle devienne petite ! »

Ce proverbe je l'ai souvent entendu dans mon enfance et mon adolescence, lors des problèmes familiaux, et surtout les problèmes de couples !

Cela veut dire que lorsque les choses se passent mal, nous avons tous tendance au début, à vouloir se protéger ou à protéger l'autre, à faire le dos rond, ou faire la tortue, éviter les vagues, (*surtout si l'on si l'on ne sait pas bien nager, et là, c 'est la noyade assurée ! Il vaut mieux alors rester au bord !)* [1]

Ce qui est d'ailleurs une posture humaine légitime. Toutefois, si cette situation dure, elle va générer plus de tension, plus d'incompréhension, plus d'inconfort, plus de critique, et donc plus de douleur et plus d'intolérance vis à vis de soi et surtout vis à vis de l'autre (*que l'on a envie de noyer*) !

Et c'est pour cela qu'à un moment donné, il est bon et salvateur que cela explose !

Ce qui sous-entend un échange certes houleux mais réparateur, ne dit-on, à juste titre, qu'après la pluie le beau temps !

---

[1] Une petite note d'humour !

Et je rajouterai même que l'orage est annonciateur de pluie et qu'est-ce que la pluie, si ce n'est la vie ! Et qu'après la pluie, les belles couleurs de l'arc-en-ciel !

Parfois, il est nécessaire de passer par le conflit pour être entendu et entendre l'autre, pour être reconnu et reconnaître l'autre !

Et là encore nous avons tous des exemples probants de ces situations.

Cela ne veut en aucun cas dire que c'est le seul et unique moyen de communication, mais qu'il est bon d'exprimer la colère qui vient nous dire des choses très importantes nous concernant.

Il est bon de rappeler qu'il n'y a pas d'émotion négative, mais ce qui en revanche est dangereux, c'est de vouloir les étouffer, et ce qui est encore plus dangereux, c'est de les interpréter au lieu de les vivre !

PROVERBE 19

كل الاعمال بلنية

« Toute action part d'une intention ! »

Ce proverbe vient mettre en lumière, l'importance fondamental du point de départ de chaque action, être en mesure de se poser une seule question tout en conscience :

Pourquoi je fais cette chose, cette action ? Dans quelle intention ?

Pour moi, être conscient de ses intentions c'est en mesure de prendre ses responsabilités.

Chaque action bien intentionnée est forcément bien aboutie. Il est essentiel voire primordial d'être en lien avec ses intentions qui finalement nous reviennent soit en bien, soit en mal.

Nous sommes nos propres bienfaiteurs ou nos propres bourreaux.

Je suis une inconditionnelle fan de Rûmi, je partage avec vous l'un de ces magnifiques poèmes :

« Ce qui vient du cœur touche les cœurs… »

PROVERBE 20

اتمشا و صنت لفالك

« *Marche et écoute tes signes !* »

Ce proverbe est très fort en signification, il parle de coopération !

L'univers à des choses à nous dire...

Il nous indique le chemin à suivre, il nous montre des éléments manquants à notre puzzle de vie, et ce, tout au long de notre vie, encore faut-il savoir écouter, observer, être dans le silence, et la clairvoyance...

Dans cette symbolique de la marche, j'entends prendre le temps d'être avec soi, juste avec soi, un rendez-vous à ne pas manquer !

Marcher dans la nature, se relier à l'immensité, s'émerveiller, dans cet espace sacré où tout est dit….

Ce tout, ô combien parlant, criant même, entouré du Ciel, de la mer, d'un lac des arbres, des papillons, des oiseaux, des montagnes, des champs et des vallées...

Le tout, plein de Vérités,

Penser, imaginer, ressentir, respirer en toute conscience, être en lien avec soi pour avoir accès à son intérieur, aux ressources extraordinaires qui nous habitent, pour enfin être en mesure de réceptionner, d'accueillir les messages que Dieu, que l'univers nous émet sans cesse.

En d'autres termes, avoir accès à l'ineffable, à l'indicible, l'invisible...

Messages ou synchronicités, ô combien précieux, qu'aucune technologie ne peut proposer ou égaler.

PROVERBE 21

لا حيلة مع االله

« Pas de ruse avec Dieu ! »

Ce proverbe est très court et très fort en signification là encore.

Partant du fait que Dieu est en chacun de nous, mentir et ruser avec Dieu c'est se mentir à soi-même et ruser avec soi-même.

Cet état de fait engendre inconfort, souffrance, et répétition de situations difficiles.
Ce proverbe rappelle l'importance de la clarté avec soi-même et donc avec Dieu, parce que l'on peut tromper tout le monde, sauf Dieu….

Lorsque l'on va mal, très mal, nous pouvons leurrer le monde qui nous entoure et entrer dans le jeu social, afin de ne rien laisser paraître et de continuer à donner le change.

Alors que Dieu, Lui, Sait !

PROVERBE 22

الي يحفر حفرة لخوه يطيح فيها

« Celui qui creuse un trou pour son frère fini par tomber dedans ! »

Ce proverbe vient nous rappeler que nos actions, quelles qu'elles soient, en l'occurrence malveillantes ou mal intentionnées, nous reviennent.

En voulant le mal pour autrui, nous en subirons, à un moment donné, les conséquences.

Toutes actions malveillantes à l'égard de l'autre nous seront resservies en quelques sorte autrement et à un moment complètement inattendu.

Pour comprendre, apprendre et guérir, afin de ne plus faire subir intentionnellement une quelconque douleur à autrui, à un autre que soi…

A l'orée de chaque carrefour, il y a quelque chose qui nous attend.

Cela vient étoffer l'adage : nous récoltons ce que nous semons.

PROVERBE 23

سميه باش يزاد

« Nomme- le pour qu'il naisse ! »

Quand on a un projet de vie important et qui nous tient à cœur, il est nécessaire de le nommer de l'exprimer, de lui donner naissance et d'en parler a à des personnes bienveillantes qui vont également, et à leur manière, y mettre foi et conviction afin que ce projet puisse aboutir pour et lui donner vie.

Lorsque j'ai pris la décision d'écrire cet ouvrage, j'ai commencé à en parler pour lui donner vie, mais pas à n'importe qui, j'ai choisi d'en parler à ceux qui croyaient en moi et qui sauraient m'accompagner dans ma quête !

Il est donc important de savoir qui peut être à l'écoute de manière positive et effective !

Si tel n'est pas le cas, mieux vaut s'abstenir !

PROVERBE 24

لوكان جينا كيما الزرافة نصرطوا كلامنا

Si seulement nous pouvions être comme la girafe, et ravaler nos mots.

Ce proverbe, très empreint de sagesse me parle et me touche particulièrement.

La girafe est un animal que j'aime et qui m'a toujours impressionnée.

Lors de ma formation de sophrologue, nous avons passé un module de CNV, Communication-Non-Violente, et je ne vous dis pas quelle fut ma surprise et ma joie lorsque j'ai appris que l'animal qui symbolise la non-violence, la paix et l'amour en CNV, était représenté par la girafe... J'ai tout de suite pensé à cette citation de mon enfance et de mon terroir, et j'étais émue.

Je partage avec vous, les grandes lignes de la CNV, thème qui me passionne :

La girafe fait partie d'un des trois animaux de la CNV, avec la tortue et le chacal.

La communication- non -violente utilise de manière très pédagogique ces trois animaux, pour illustrer de façon ludique, la manière dont nous nous comportons et la manière dont nous communiquons les uns avec les autres.

- La posture de la tortue : celle que l'on adopte quand on se voile la face, quand on ne veut pas affronter, quand on a peur, quand on ne sait pas quoi faire.

- La posture du chacal : celle que l'on adopte quand nous sommes dans la colère, et l'agressivité. C'est aussi un moyen de défense.

Avant de parler de la posture de la girafe, parlons un peu de cet animal impressionnant et majestueux :

Animal au grand cœur, avec son long cou, elle perçoit ce que les autres ne voient pas, elle a une vue d'ensemble, ce qui lui permet d'anticiper, de s'adapter et donc d'adopter une réponse adéquate en fonction de la situation, de l'évènement ou du danger…

Et dans cette citation, il est dit que l'on devrait être comme la girafe au si long cou, que les mots lourds chargés d'intentions malveillantes, les mots qui blessent, les mots qui tuent…

Ces mots si lourdement chargés ne parviennent pas à escalader ce si long cou et finissent pas retomber sans jamais être prononcés et donc entendus. Soyons alors comme la girafe, pour que les seuls mots qui parviennent à sortir de nos bouches, soient les mots les plus doux, les plus tendres, les plus bienveillants, les plus légers !

PROVERBE 25

طيعو اوليداتكم و لا تمووت كفا ر

« *Adorez vos enfants et ne mourrez point mécréants.* »

Cette citation, je la trouve magique, moi ! Parce qu'elle vient nous parler des enfants, de ces anges, ces êtres de lumière qui éclairent nos vies d'adultes.

Ils sont pour nous le trésor.

Il me paraît plus simple pour expliquer ce proverbe de le présenter en deux parties :

*Adorez vos enfants : Dans adorer, il y avant tout aimer, mais également respecter, écouter, observer avoir confiance, en eux, car les enfants voient le monde tels qu'ils sont, avec leur cœur sans apriori, sans jugement.

Leur vision est claire et n'est pas faussée et chargée comme celle des adultes.

Adorer ses enfants, c'est les laisser apprendre (répétition), expérimenter en liberté parce que vivre c'est apprendre et apprendre, c'est vivre !

Le rôle du parent est de faire en sorte que tout se passe dans la bienveillance, l'amour et le respect.

C'est créer un environnement encourageant, rassurant, où les échanges, quels qu'ils soient, sont un plaisir, parce que tout le monde est entendu, reconnu où chacun trouve sa place sans jamais prendre la place de l'autre, et encore moins la céder.

L'enfant sait avant même de savoir qu'il sait, l'enfant naît apprenant, il n'apprend pas juste pendant les heures passées à l'école, il apprend tout le temps...

Et c'est là, que la phrase de Benjamin Franklin, prend toute sa dimension :

« *Tu me dis, j'oublie, tu m'apprends, je retiens, tu m'impliques, j'apprends !* »

Phrase qui nous a été répétée, toute notre enfance, à mes frères, Samir, Bencheikh, et moi-même, et surtout appliquée, dans toutes les actions du quotidien, (jeux, créations ludiques et artistiques, cuisine, rangement, ménage), nous étions acteurs et créateurs.

Il est primordial pour nous en tant que parent, de préserver cet élan de vie, de curiosité, de motivation.

Pour moi en tant que maman, le grand défi est de savoir à quel moment, soutenir, encourager, accompagner, proposer, mais aussi, à quel moment m'effacer et laisser faire, leur faire confiance, respecter leur propre rythme sans jamais leur mettre la pression ou leur imposer quoi que ce soit, afin de répondre aux exigences du monde extérieur.

C'est les laisser être pour devenir ce qu'ils sont déjà !

Mon souhait le plus fort, en tant que maman, mais aussi en tant que citoyenne, est que nos enfants grandissent avec un esprit réellement indépendant, autonome, libre, conscient qu'à chaque instant de leur vie, il leur est possible de choisir, d'emprunter d'autres directions.

Il faut vraiment être vigilant à ne pas transmettre nos croyances obsolètes et périmées, nos rêves, nos objectifs à nos enfants parce qu'ils ne sont tout simplement pas nous.

Par-dessus tout, ce qui doit être essentiel, c'est que nos enfants soient heureux aujourd'hui, sans jamais craindre demain !

Vous ne mourrez point mécréants ! Être mécréant, c'est ne pas, ne pas avoir la Foi.

Dans cette citation, le mot mécréant n'est pas à prendre dans le sens religieux.

Le parent est dépositaire d'une mission, sa responsabilité est énorme, car il détient en grande partie, le devenir et l'avenir de son enfant. Un parent aimant et bienveillant, à l'écoute, respectueux, permet l'émergence et la réalisation et l'accomplissement de l'enfant.

Un enfant capable de s'aimer, de s'adapter trouve du bonheur dans toutes situations.

Un enfant qui s'aime, est un enfant qui a confiance en lui, ces deux dimensions sont pour moi, indissociables !

C'est pour cela que notre rôle de parents, est d'accompagner l'enfant dans l'amour de lui-même, de respecter leur potentialités illimitées, de les respecter.

Et tout le reste suivra…

PROVERBE 26

درجة بدرجة

« *Marche (d'un escalier) après marche.* »

Une marche après l'autre, un pas après l'autre.

Ce proverbe est à la fois très simple et très fort en signification. Nous avons tous des rêves, des projets, des buts et des objectifs à atteindre que l'on souhaite réaliser et vivre.

Toutefois, le chemin pour y arriver est jalonné d'embuches et d'obstacles, ce qui parfois nous fait abandonner, abdiqué.

Le doute et la lassitude s'installent…

Parce que nos rêves, nos buts, nos objectifs à atteindre sont trop loin de nous, de là où nous en sommes.

Je dirais même que ce dont on rêve n'est pas ce dont on a réellement besoin dans le moment présent !

On veut grimper plusieurs marches à la fois pour y arriver plus vite et enfin être heureux au risque de se faire mal…

Et si la première marche, le premier pas, le premier but, le premier objectif, était d'être heureux maintenant, là où on en est, il serait plus facile dès lors, de monter la deuxième, la troisième marche et ainsi de suite, jusqu'à gravir l'escalier en entier.

Parce que lorsqu'on est heureux, on se sent porté par quelque chose de plus grand.

Notre but ultime, se doit d'être, « être heureux là où on est avec ce que l'on a et ce que l'on n'a pas », à partir de là tout devient possible. Lors de mes séances, j'aime comparer le bonheur à une table à quatre pieds, parce que sur une table à quatre pieds, on peut tout poser, ses rêves les plus fous, ses désirs achevés ou inachevés, peu importe, ils sont là à portée de main.

Malheureusement souvent on croit mal et à tort que notre bonheur dépend de la réalisation de nos rêves, de nos objectifs et de nos buts, alors que c'est le fait d'être heureux et en paix qui nous mènent à la réalisation et à l'accomplissement de nos rêves et nos buts.

Ne dit-on pas à juste titre, que ce n'est pas la destination qui compte, mais le voyage.

PROVERBE 27

منين هاداك القريع مديك الشجيرة

« *D'où vient cette branche, de cet arbre !* »

Ce proverbe fait partie de ceux qui m'émeuvent le plus…
Il vient nous rappeler d'où l'on vient, nos racines, notre appartenance, ne jamais oublier qui nous sommes, pour continuer d'aller de l'avant …
Ces derniers mois de ma vie ont été très compliqués, douloureux même, et je me revois me répéter nombreux de ces proverbes, mais surtout celui-là…
Il me donne la chair de poule, vraiment…
A chaque moment difficile, ou le découragement était tout prêt, le simple fait de me dire dans mon for intérieur que j'étais cette petite branche venue de cet Arbre Majestueux, moi qui suis amoureuse des arbres et qui leur donne même de jolis prénoms, m'aidait instantanément à mieux me sentir, me redresser, il m'arrivait même de sentir mes cellules dans la joie, comme moi...

Et toute ma famille apparaissait devant mes yeux, mon histoire, mes parents, je me souviens m'être dit ces phrases, tellement de fois :
Ton papa n'est pas mort comme il est mort, mort pour la liberté, pour que tu abdiques maintenant !

Ta maman ne s'est pas battue comme elle l'a fait pour toi et les frangins pour que tu abdiques maintenant !

Les Tiens ! Tous les Tiens sont avec toi, tu les portes en toi ! Dans ton cœur…

Alors, redresse-toi, jolie petite branche et n'oublie jamais que tu viens de cet arbre Majestueux !

Ce proverbe vient nous rappeler que nous provenons tous d'un arbre Majestueux,

Ce proverbe est un hommage aux générations passées, au transgénérationnel, parce que nous ne récupérons pas seulement des mémoires douloureuses de nos ancêtres…

Nous récupérons de l'amour, de la puissance de la force, du courage, de la détermination…. Et bien d'autres choses encore…

Et si l'on veut aller encore plus loin ou du moins plus haut encore, prendre conscience que chaque racine d'un arbre majestueux rejoint dans les entrailles de la terre, les racines d'un autre arbre, et un autre et un autre, encore et encore, ….

On prend alors conscience de la puissance et de la grandeur d'être cette toute petite branche…

PROVERBE 28

فوت على عدوك جيعان وما تفوتش عليه عريان

« *Passe devant ton ennemi, affamé, mais ne passe pas devant lui en haillons.* »

Ce proverbe invoque la notion de posture, d'attitude à avoir face aux gens malveillants, que nos faiblesses, nos failles ne soient pas visibles comme les vêtements qui sont un signe social très parlant aujourd'hui, pour qu'elles ne soient pas utilisées contre nous.
La faim quant à elle ne se voit pas.
Elle reste discrète, silencieuse et digne...
Mais ce proverbe résonne autrement pour moi, lors des difficultés qui ont été les miennes je me faisais un point d'honneur à être toujours coquette, pour ne pas donner l'occasion à l'autre quel qu'il soit de me questionner ou de poser un regard trop compatissant à mon égard….
Peu importe l'état d'être dans lequel je pouvais être intérieurement…je faisais en sorte de ne rien laisser paraître à l'extérieur en étant toujours bien mise, souriante…ce qui d'ailleurs finissait par contaminer mon intérieur….
Et personne ne pouvait se douter de ce que je vivais…

PROVERBE 29

بات مع الزعاف و ما تباتش مع الندامة

« *Passe la nuit en colère mais ne la passe pas avec des regrets.* »

Ce proverbe vient nous parler à nouveau de la colère, des dangers et des méfaits de cette émotion parfois dévastatrice, qui peut parfois avoir des conséquences désastreuses et irrévocable.
Il vaut mieux apprendre à gérer sa colère que de devoir le regretter toute sa vie...
D'où la nécessité de prendre du recul et de laisser l'émotion se tasser car ne dit-on pas à juste titre :

La nuit porte conseil....

CONCLUSION

Même si depuis mon jeune âge, et jusqu'à aujourd'hui, je me suis toujours sentie attirée par cette sagesse venue d'ailleurs, sagesse qui me parle et me touche profondément.

J'ai toujours cette sensation de vivre ces proverbes pour la première fois…alors qu'ils sont en moi depuis si longtemps….

Je ne me dis pourtant pas que « je sais » ou que « j'ai compris », je me dis plutôt: Je suis en train de comprendre, d'apprendre autrement….

D'assimiler tous les jours que Dieu fait en étant intimement convaincue que partout ne m'attend que le mystère…

Lui seul….

Et c'est ce qui rend la vie si magique et énigmatique…

J'ai écrit ce livre avec mon cœur, avec l'élan du cœur car, lorsque tout semble disparaître, nous quitter, restant dans l'obscurité, seul perdure l'élan, celui qui nous fait sortir de nous-même, afin de nous révéler de nous sauver, nous porter et nous élever vers ce qu'il y a de plus beau, notre être profond.

J'ai écrit ce livre dans des conditions très particulières, à un moment de ma vie où là encore il fallait faire face à des lendemains difficiles.

Ce livre, s'est fait de manière très artisanale, j'entends par là que je n'avais pas d'ordinateur et que je l'ai écrit, comme une grande, à la main, sur des feuilles, des cahiers, parfois même des enveloppes...dans le bus, dans le métro, très tôt le matin, ou très tard le soir... ma détermination était sans failles !

Je tiens à remercier mes filles Maïssa et Naïla pour leur présence pleine de constance dans leur patience, leur disponibilité, leur gentillesse et leur amour.

Je tiens à remercier ma petite sœur d'âme Sonia, pour son aide indéfectible, sa présence et son accompagnement permanent et ce, à chaque instant.

Je les remercie toutes les trois, pour leur apport et leur présence dans leur domaine technologique qui m'a été d'une grande aide !

La plus grande des vertus à mon sens est la patience, et avec la patience, l'on peut gravir les monts les plus hauts…

C'est là, une véritable ascension des profondeurs…

Il n'est pas anodin pour moi de pratiquer aujourd'hui, ces deux beaux métiers qui sont les miens, le métier de sophrologue et de thérapeute énergéticienne.

Deux métiers qui touchent à la conscience, à l'humain et à la transmission. J'ai, aussi loin que je me souviens, aimé transmettre.

J'ai très tôt donné des cours au collège et au lycée à mes camarades à Alger, mais également ici en France.

Il m'a fallu d'abord dans un premier temps réapprendre à apprendre, puisque j'ai, jusqu'en terminal en Algérie fait mes études en arabe et lors de notre venue ici en France, il nous a fallu, mes frères et moi, refaire tout en Français…

Vice- Versa...

Arabe / Français

Français / Arabe

Recto-Verso d'une même feuille

Une difficile mais belle reconversion !

J'ai beaucoup de fierté quand j'y repense, certes, cela a été laborieux, mais ô combien gratifiant !

Pour moi, réussir sa vie rime avec bien-être et signifie être heureux !

A la perte tragique et violente de mon père, j'ai réalisé consciemment ou inconsciemment, je ne sais pas, qu'il était urgent pour moi d'être heureuse maintenant pour moi, mais surtout pour ceux qui m'étaient chers, car ma vie était en péril, la mort étant trop présente…

Ce qui me rendait heureuse, c'était d'être présente aux miens, de les faire rire afin de les ramener à eux-mêmes, c'étaient aussi des choses très simples, le sourire de maman, la forte complicité avec mes frères, c'était aussi le ciel bleu et le chant des oiseaux, l'immensité de la mer, le murmure du flux et du reflux des vagues…

Le rire des inconnus dans la rue, tout cela pour dire qu'il y avait là une urgence à être heureux…

Le bonheur, c'est urgent !

Je me souviens d'ailleurs du petit cahier que je tenais très discrètement, à cette époque, je l'avais appelé Petits Bonheurs, je notais toutes les petites choses qui me rendaient heureuse, qui me faisaient du bien, ainsi que mes souvenirs heureux avec papa... et l'une des premières phrases que j'ai écrite sur ce petit cahier :

Maman s'est maquillée ce matin et elle est très belle....

Ce fut pour moi le commencement de nombreux petits bonheurs qui additionnés en chaque fin de journée me faisait prendre conscience que le bonheur était chaque jour au rendez-vous mais surtout que c'était un choix...

Mon choix !

Dépêche-toi de vivre, dit-on, ou dépêche-toi de mourir...

Et depuis, cette période douloureuse de ma vie, je me suis paradoxalement forcée au bonheur et habituée au bonheur, un état d'être précieux et constant chez moi !

Qu'importe ce que nous vivons à l'extérieur, que nous ayons de l'argent ou pas, que nous soyons en haut de l'affiche ou pas, car la plus grande des satisfactions, et de savoir que nous avons le choix et qu'il est possible d'accéder au bonheur petit pas par petit pas !

C'est de se sentir épanoui et serein, accompagné d'un sentiment de bien-être permanent et d'être en paix avec soi-même, afin de profiter de chaque instant qui nous est offert, c'est sans cesse transformer les expériences, difficiles ou douloureuses, en enseignements, en apprentissages (apprentis / sages).

Ne sommes-nous pas d'éternels apprentis ?

Et que chaque rencontre de notre vie, est un cadeau du ciel.

Toutes ces rencontres qui peu à peu nous *font grandir devenir et advenir* et c'est grâce à tous ces autres, tous ces gens porteurs de sagesse, que nous élucidons et construisons notre puzzle de vie.

Dans chaque rencontre réside une facette de notre être, jusqu'ici méconnue, oubliée même, et toutes nous révèlent à nous-même, nous délivrent même !

REMERCIEMENTS

Dieu,

Merci mon Dieu pour ta présence constante et permanente dans ma vie de tous les jours.
Depuis ma tendre enfance je te vois partout, dans les yeux de ma maman, le rire de mon père, dans la joie et la complicité entre mes frères et moi, dans le ciel, dans les étoiles, dans les tourterelles qui ont bercé mon enfance, ainsi que les papillons, dans la mer, dans les arbres, et en chaque être !

Merci pour toutes les belles choses que tu m'apportes, les moments de rires, de partage dans ma vie, et ce, depuis que je suis sur cette Terre.
Je t'aime !

Merci à toutes mes épreuves, à tous les obstacles posés sur mon chemin qui m'ont permis de continuer à apprendre, à guérir, à comprendre que chaque épreuve que nous trouvons sur notre chemin est totalement adaptée à nos potentiels…

Merci aux Anges, pour votre aide et votre soutien si précieux,
votre douce présence, précieuse et silencieuse !

Merci à toutes les plumes et papillons qui parsèment mon chemin, me montrant que je suis protégée, accompagnée, aimée et que je suis là où je dois être.

Je vous aime !

Mes Chers enfants,

Maïssa, Naïla, Badr et Zaïne, vous êtes, sachez-le, mes grands enseignants, j'ai beaucoup appris avec vous et je continue d'apprendre encore aujourd'hui à vos côtés... Je vous remercie mes chéris !

Après avoir compris que mon ambition de devenir Dieu était démesurée et irréalisable, le deuxième choix quant à mon devenir, était d'être Maman avec un grand AIME.

Le plus beau métier du monde....

L'un de mes rêves, était d'avoir quatre enfants et le Ciel, là encore, l'a exaucé....

Vous êtes mes quatre éléments :

L'air, le feu, l'eau et la terre dans lesquels je puise ma force !

Vous êtes mes quatre directions sacrées :

Le Nord, le Sud, l'Est et l'Ouest...Ma boussole, mes quatre points cardinaux, mon phare, qui m'éclairent et me guident quand l'obscurité me surprend ....

Mes quatre As !

Les quatre pieds d'une table.

Vous êtes ma stabilité, mon équilibre, mon harmonie, mon alignement...je puise ma force de vie en vous et j'avance ....

Ces proverbes, je vous les ai souvent répétés, aujourd'hui, ils sont à votre portée dans cet écrit que je vous dédie mes enfants en toute humilité.

Je vous aime mes enfants de toute mon Âme, avec Le grand AIME de Maman....

Maman,

Comment te dire avec de simples mots l'intensité et l'immensité de ce que je ressens ? Je sais d'où me vient cette passion des mots, des mots dits avec amour et bienveillance, cette passion de transmettre l'amour par les mots... exprimés, parlés mais également écrits

Je t'ai beaucoup regardée, observée, vu manier les mots, toucher si fort les êtres, et faire des miracles....

Tes mots ont été les premiers à me rassurer m'accompagner, me porter même dans les moments les plus durs de mon existence…

Les mots posés, éclairés, pondérés…Les comprendre, les apprendre, les connaître, les savoirs pour   pouvoir sortir des larmes.

Les laisser couler et baisser les armes…

Les mots apportent et portent les couleurs du courage !

Ils ont, dès ma petite enfance, construit mes forces intérieures et les mots sages emplis d'amour par leurs puissantes énergies, m'ont aidée à effacer les frustrations, la colère, la culpabilité, la peur, les épreuves difficiles de la vie...pour sans cesse renouveler mon énergie et mon élan du cœur pour aller de l'avant, toujours en quête d'espace libre transparent et infini…

Très tôt, j'ai su que j'avais ce pouvoir des mots ce pouvoir de toucher l'autre quel qu'il soit.

Je te dois l'adulte accomplie que je suis, Maman, mais aussi la femme et la mère que j'incarne au mieux que je peux chaque jour que Dieu fait, chaque jour que je fais…

Je suis si fière d'être ta fille, Maman et je rempilerais ce rôle encore et encore et encore !

Merci maman de m'avoir tant donné.

Tant appris et de m'avoir toujours soutenue et cru en moi

Je t'Aime de toute mon âme…

Je t'Aime

Papa…

Voilà papa, j'ai ce sentiment d'avoir accompli une part de ma mission en allant au bout de ce projet d'écriture,

Je n'ai aucune prétention quant à mes écrits, mais je devais d'écouter cette petite voix qui sans cesse me disait :

Écris, transmets !

Ton départ si brutal et violent m'a ravagée …

Sans cesse, il m'a fallu sortir de ma zone de confort et ce, bien malgré moi

Et, j'ai, grâce à ce travail permanent en moi, et à toute cette sagesse de chez nous, continué à apprendre pour trouver la paix et la sérénité me rassembler et revenir toujours dans cet espace sacré qui est mon cœur…

Tu as été présent dans chaque mot posé, tu n'as jamais été dans le passé tu n'es que présence papa…

Merci de m'accompagner comme tu le fais papa et d'être aussi présent et aidant dans les moments les plus cruciaux de ma vie…

La peur de te perdre a fait partie de ma vie si longtemps, pourtant, depuis ton départ je te sais, et te sens plus présent que jamais.

Aujourd'hui, vois-tu, Papa, je n'ai plus peur….

Quant aux derniers mots que tu as prononcés avant de partir pour ne plus revenir :

« Ils sont condamnés à réussir ! »

Sache alors Papa, que tes trois enfants sont heureux et cheminent vers cet accomplissement qui emplissait ta sentence, ton adage !

Je t'aime papa !

Samir et Bencheikh,

Merci à vous mes chers frères, Samir et Benchikh, pour ce lien indéfectible et infaillible qui est le nôtre, et ce depuis que l'on se connaît !

Nous avons traversé tant d'épreuves ensemble et nous en sommes sortis ensemble.

Grâce à l'amour qui nous lie et nous unit...

Merci à notre complicité et à notre humour plein de subtilité qui nous a permis de tourner en dérision des situations douloureuses et complexes ! Merci à nos échanges toujours très riches et dont on se nourrit les uns les autres !

Merci à mes belles sœurs.

Merci à mes chers petites nièces et petits neveux que j'aime tant !

Je vous aime !

A mes amies

Merci à vous mes amis (ies), à mes sœurs d'âmes, à mes frères d'âmes, pour vos encouragements permanents, et votre soutien et votre amour !

Je vous aime !

Merci à mes ami(e)s virtuel(le)s, mais ô combien réel(le)s parce que le virtuel n'empêche pas d'être vrai.
Quand on donne vrai, on reçoit vrai...

Je vous aime !

Une pensée sereine et pleine d'amour à nos chers disparus,

Mehdi, Amel, Zakie...

Je vous aime.

Et, à tous ceux qui sont de l'autre côté du voile et qui nous protègent…

Merci à tous les Êtres chers qui ont été mis sur mon chemin, car grâce à eux tous, je dis bien tous, j'ai trouvé de nouvelles voix pour aller bien plus loin… vers Moi.

Chers amis (ies) lecteurs !

Je vous remercie pour votre lecture participative qui m'honore et me grandit !

Merci à vous ! Merci…